KU-337-475

Добре дошъл на света, бебчо!

Welcome to the World Baby

Na'ima bint Robert

Illustrated by Derek Brazell

Bulgarian translation by Nina Petrova-Browning

000003051323

В понеделник сутринта Тарик отиде на училище, усмихнат до уши. "Познайте какво, приятели! - извика той, - В събота се събудих и новороденият ми брат лежеше в леглото на мама."

On Monday morning, Tariq came to school with a huge smile on his face. "Guess what, everyone?" he cried. "I woke up on Saturday and my new baby brother was in my mum's bed!"

Децата много се развълнуваха. Те бяха наблюдавали как коремът на майката на Тарик ставаше все по-голям и по-голям и бяха очаквали с нетърпение големия ден.

The children were excited. They had seen Tariq's mum getting bigger and bigger and bigger. They had been waiting for the big day.

"Какво има в тази торба, Тарик?" - попита учителката му - госпожица Смит.
"Мама ми даде тези фурми, за да могат всички да ги опитат. Ние даваме на новородените парченце от меката им част. Това е първото нещо, което опитват в живота си."

"What's in the bag, Tariq?" asked his teacher, Miss Smith.
"My mum gave me these dates to share with everyone. We give a new baby a soft piece of date, the first thing they will ever taste."

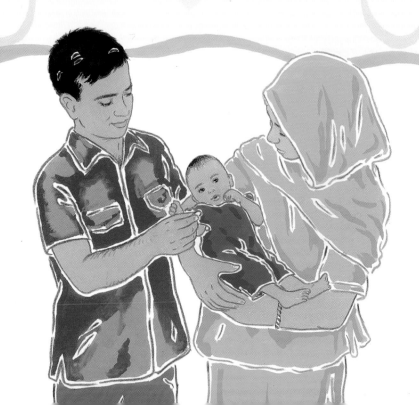

Всяко дете опита от фурмите. М-м-м,
те бяха много вкусни и мекички.

The children all had a date.
Hmmm, it tasted sweet and smooth.

Децата бяха учили за петте сетива в училище и знаеха за вкуса, чувствителността, зрението, слуха и обонянието.

The children had been learning about the five senses in school and they all knew about tasting, touching, seeing, hearing and smelling.

"Кои от вас имат братчета и сестричета, родени наскоро?"
- попита госпожица Смит.
Много ръце се вдигнаха.

"How many of you have had a new baby brother or sister recently?"
asked Miss Smith.
Quite a few hands shot up.

"Можете ли да попитате родителите си как посрещате новородените в семействата си? Може би можете да донесете нещо и да ни разкажете за него в петък." - каза госпожица Смит.

"Can you ask your parents how you welcome new babies in your family? Maybe you can all bring something in on Friday and tell us about it," said Miss Smith.

"Може ли да донесем каквото си поискаме?" - попита Бен.
"Да, Бен. Каквото пожелаете, само че трябва да е свързано с петте сетива."

"Can we bring anything?" asked Ben.
"Yes, Ben. Anything you like, as long as it's to do with the five senses!"

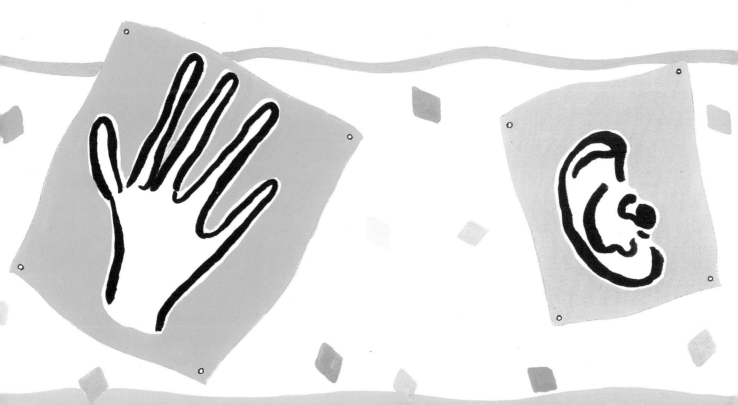

В петък всички деца донесоха в училище нещо много специално. Госпожица Смит подреди учениците си на земята в кръг. "Сега, деца - започна тя - много от нас знаем колко е хубаво в семейството да се появи нов член. Това е истински празник за всеки. Нека да разберем какво е да си новородено бебе в дома на всеки от вас."

On Friday, all the children came to school with something extra special. Miss Smith sat them down in a circle.
"Now children," she began, "many of us know how wonderful it is to have a new baby in the family. For everyone it's a time of great joy and celebration. Let's find out what it's like to be a new baby in each other's homes."

"Така, Ан-Мей, какво се случва, когато в твоята къща се роди дете?"
Много внимателно Ан-Мей извади едно яйце – малко яйце, оцветено в червено.

"So, An-Mei, what happens when a new baby is born in your house?" she asked.
Very carefully An-Mei brought out an egg, a little egg, painted red.

"Това е едно от яйцата, които мама и татко раздадоха на роднини и приятели. Оцветено е в червено, цветът на късмета. Яйцето символизира рождението, живота и растежа. Докоснете го с ръка" - каза тя, подавайки го на Брайън.

"This is one of the eggs that my mum and dad gave as gifts to our family and friends. It is painted red, the colour of good luck. The egg stands for birth, life and growth. Touch it with your hands," she said, passing it to Brian.

"Толкова е гладко и нежно - също като лицето на мама" - каза Брайън, поглаждайки малкото студено яйце.
Другите деца се засмяха.
"Кой е следващият?" - попита госпожица Смит.

"It's so smooth, just like my mum's face," said Brian, stroking the cool little egg.
The other children all smiled.
"Now, who's next?" asked Miss Smith.

Бавно Саида отвори малък бял плик и извади кичур коса - кичур от тъмна къдрава коса - превързан с бяла панделка.

Slowly, Saida opened a small white envelope and took out a lock of hair, a lock of curly dark hair, tied with a white ribbon.

"Това е къдрица от първата коса на братчето ми, запазена след като Ама и Аба му обръснаха главата, когато беше само на седем дни."
"Защо?" - попита Бен.
"За да занесат косата му в бижутерен магазин и да я претеглят, а после да раздадат на бедните сребро със същото тегло" - каза Саида.

"This is some of my baby brother's first hair that was kept after Amma and Abba shaved my brother's head, when he was only seven days old."
"Why?" asked Ben.
"So that they could take it to the jewellers and weigh it. Then they gave its weight in silver to help the poor," said Saida.

Тя подаде кичура на Каралайн. "Докосни го с пръстите си - каза тя - първата коса на братчето ми…"
"Толкова е лека и мека" - отбеляза Каралайн, докато галеше малката къдрица.

She passed it to Caroline. "Feel it with your fingers," she said.
"My baby brother's first hair..."
"It's so light and soft," Caroline said, stroking the little curl.

Следващ на ред беше Димитрий.
Той отвори малка кутия. В нея блестяха
златни и сребърни монети.

Next it was Dimitri's turn. He opened a small box.
In it were coins, gold and silver coins,
shining in the dark box.

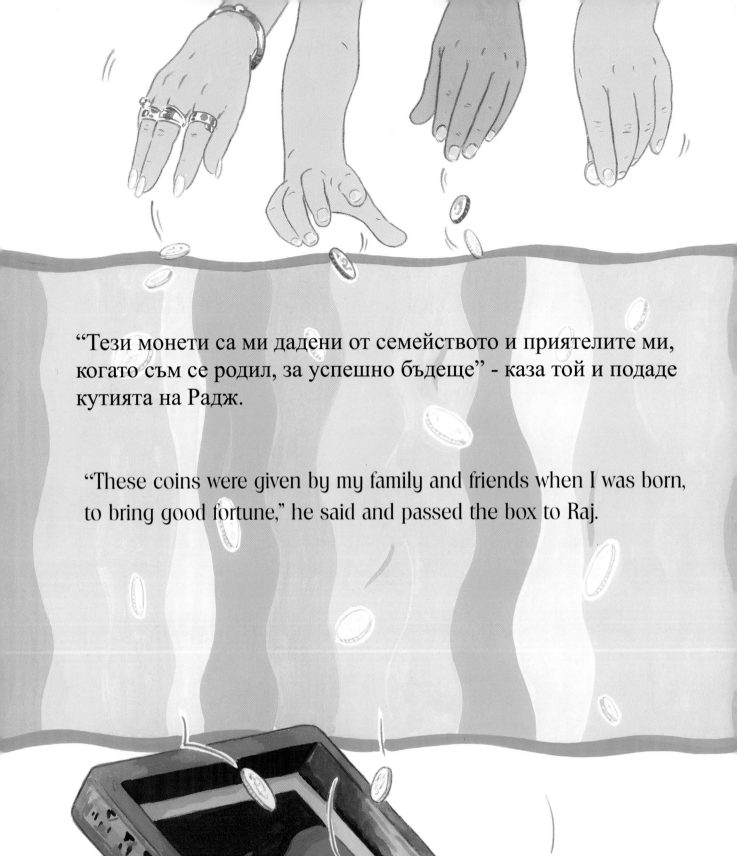

"Тези монети са ми дадени от семейството и приятелите ми, когато съм се родил, за успешно бъдеще" - каза той и подаде кутията на Радж.

"These coins were given by my family and friends when I was born, to bring good fortune," he said and passed the box to Raj.

"Разклати кутията и се вслушай в звука, който издават монетите."
"Те правят дрън-дрън, дрън-дрън" - възкликна Радж, долепяйки ухото си до кутията.

"Shake the box and listen to the sound the coins make."
"It jingle-jangles!" cried Raj, putting his ear close to the box.

Надя заговори срамежливо. "Госпожице - започна тя, - и аз имам нещо." Извади една чанта и изкара от нея пуловер - голям топъл пуловер, който си личеше, че е бил любима дреха и е носен с много любов.

Nadia spoke up, shyly.
"Miss," she said, "I've got something."
She picked up a bag and pulled out
a jumper, a big warm jumper that looked
as though it had seen a lot of love.

"Това е пуловерът на баща ми - каза тя. - Когато съм се родила, са ме увили с него и са ме кръстили."

"This is my dad's jumper," she said. "When I was born, I was wrapped in it, and given three special names."

Тя го подаде на Сара.
"Затвори очите си и го помириши -
прошепна тя. - Мирише на сила и ... също
като баща ми."

She passed it to Sara.
"Close your eyes and smell it," she
whispered. "It smells strong and safe
like my dad."

Сара затвори очите си и вдиша дълбоко.
"М-м-м - въздъхна тя - какво прекрасно ухание на новородено!"

Sara closed her eyes and breathed in deeply.
"Hmmm," she sighed, "what a lovely smell
for a newborn baby!"

Най-накрая дойде и редът на Елима. Той извади от чантата си листо - малко листо от алое.
"Когато съм се родил, са ми дали малко от това - каза той. - Опитай го."
Той изстиска малко сок от него върху пръстите на Мона.

Finally it was Elima's turn.
From his bag, he brought out a leaf, a small aloe leaf.
"When I was born, I was given some of this," he said. "Taste it."
He squeezed it and some juice fell onto Mona's fingers.

Тя го опита с голямо любопитство. "Ъ-ъ-ъ, толкова е горчиво!" - извика тя, бършейки устата си.

Eagerly she tasted it. "Urghh! It's *so* bitter," she cried, wiping her mouth.

"Това трябва да покаже на бебето, че животът може да бъде горчив, но … - каза той и извади малко бурканче с мед, - може също така да бъде сладък!"

"That is to teach the baby that life can be bitter, but…" he said, bringing out a little pot of honey, "it can also be sweet!"

Мона побърза да се отърве от вкуса на алое
в устата си с лъжица, пълна със сладък мед.

Mona was quick to get rid of the aloe taste with a
spoonful of delicious honey.

"Госпожице - възкликна Квеси - ние използвахме всички сетива, нали?"
"Точно така, Квеси" - каза госпожица Смит с голяма усмивка на лицето си.

"Miss!" cried Kwesi, "we've used all of our senses, haven't we?"
"That's right, Kwesi," said Miss Smith, with a huge smile on her face.

"Браво на всички! За награда ще си направим празник на петте сетива в края на учебния срок."
"Ура-а-а!" - извикаха децата.
"И - продължи госпожица Смит - ще си имаме специален гост."
Всички се чудеха кой ще е той.

"Well done, all of you! As a special treat, we'll have a Five Senses party at the end of term."
"Hooray!" they all cheered.
"And," said Miss Smith, "we'll have a surprise visitor."
They all wondered who that could be.

В последния ден на учебния срок, докато децата се наслаждаваха на празника си на петте сетива, някой почука на вратата.
"Кой ли е това?" - попита госпожица Смит с голяма усмивка на лицето.

On the last day of term, while the children were enjoying their special Five Senses party, there was a knock at the door.
"Who can that be?" asked Miss Smith with a big smile.

Бавно вратата се отвори. Беше майката на Тарик с… малкото бебче!
Децата много се зарадваха. "Добре дошъл на света, бебчо, добре дошъл!" - запяха те.

Slowly the door opened.
It was Tariq's mum with...the new baby!
The children cheered.
'Welcome to the world, baby, welcome to the world!' they all sang.

Майката на Тарик и братчето му, се присъединиха към празника. И знаете ли, това беше най-хубавото посрещане, което някое бебе е имало.

Tariq's mum and his new baby brother came and joined the party. And do you know, it was the nicest welcome any baby had ever had!